DE LA NÉCESSITÉ

POUR LE ROI

DU NOUVEAU MINISTÈRE.

IMPRIMERIE DE BÉTHUNE,
RUE PALATINE, N° 5.

DE
LA NÉCESSITÉ

POUR LE ROI

DU NOUVEAU MINISTÈRE.

PAR M. S.....

A PARIS,

A LA LIBRAIRIE CATHOLIQUE D'ÉD. BRICON,

RUE DU VIEUX COLOMBIER, N° 19;

ET CHEZ DELAUNAY, AU PALAIS-ROYAL.

DE LA NÉCESSITÉ

POUR LE ROI

DU NOUVEAU MINISTÈRE.

Après une session où la prérogative royale a reçu plus d'une atteinte, Charles X change ses ministres; il appelle dans ses conseils des hommes dont le dévouement à sa personne est depuis long-temps éprouvé. Aussitôt des clameurs séditieuses s'élèvent de toutes parts; les journaux libéraux se déchaînent, avec une violence inusitée, contre les nouveaux ministres, et osent déverser le blâme sur le monarque qui les a choisis. Les ordonnances qui les nomment sont du 8, et les journaux du 9 ne sont d'un bout à l'autre qu'une manifeste virulent contre eux; ne pouvant les juger d'après leurs actes, ils attaquent leurs personnes, ils rappellent des antécédens faux ou mal interprétés : à les entendre, leurs noms seuls sont un objet d'épouvante pour la France et le présage de sa ruine; l'époque de leur nomination est un crime de la royauté. Le roi peut bien changer ses ministres, mais c'est lorsque les chambres ont déclaré qu'ils ne leur plaisaient point. Tout doit céder à l'omnipotence des chambres. Le fils de saint Louis doit se contenter du titre de roi; il doit renoncer à ses plus belles prérogatives, ou, s'il en exerce une, les chambres sont là pour le blâmer. On paie la liste civile, quoiqu'à regret; mais si le roi a des serviteurs fidèles, ils sont onéreux à la nation; on trouve sa garde trop nombreuse, ses gardes-du-corps sont inutiles; on veut dépouiller le trône de toute sa force et de tout son éclat.

A l'ouverture de la session de 1829, le roi promet des lois sur la presse et sur les élections; il les donne: des amendemens les dénaturent; l'une devient l'égide de la licence, l'autre donne l'entrée de la chambre élective à ces vétérans de la révolution, qui y ont puisé des principes subversifs de tout ordre et des richesses pour les propager. La France réclamait, dit-on, des lois pour son administration intérieure: deux projets sont présentés à cet effet à la chambre des députés. Non seulement des amendemens plus nombreux que dans les lois précédentes sont proposés par les commissions, mais encore l'ordre de leur discussion réclamé par la couronne est interverti; outré de cette brutale exigence, le roi retire les deux projets de lois. On se rappelle le débordement d'injures que ce double retrait a valu aux ministres. Le peu d'éloges qu'ils s'étaient attirés pour les lois de la presse et des élections se changent en reproches amers; ils ne sont plus agréables à la nation dès qu'ils se montrent défenseurs des droits du trône. C'est au peuple et non au roi que les ministres doivent plaire : dans le peuple est la souveraineté, du moins les libéraux le disent ; c'était le cri de 1793. Tel est l'aperçu historique de la session qui vient de se terminer : concessions d'une part, de l'autre ingratitude et exigence. Le roi est bon, il aime son peuple, il veut son bonheur ; les journaux révolutionnaires s'efforcent de prouver que de si belles intentions sont en pure perte, ils nous représentent les Français insensibles à tant de bienfaits. Des députés de l'opposition se répandent dans les départemens, ils s'y excusent de n'avoir pas assez fait, ils promettent de faire davantage : encore quelques sessions, et la royauté sera sans force, des lois toutes populaires seront demandées et votées, les pétitions sont prêtes.

Le roi peut faire la guerre, conclure des traités : mais toute guerre exigeant des subsides, il sera tenu d'annoncer aux chambres le motif qui le détermine à la déclarer. Plus de secret de cabinet ; les ministres seront sommés de tout dévoiler. Ainsi tout le pouvoir passera dans les chambres ; c'est de la démocratie toute pure, c'est le second tome de la convention avec ses comités. Tel est le gouvernement que l'on aurait donné à la France si la fermeté du roi n'eût point arrêté cette coupable usurpation. Ah ! quel usage eussent-ils fait du pouvoir, s'ils fussent parvenus à s'en emparer ? Qu'on les entende à la tribune, qu'on les lise dans leurs journaux, on découvre, dans leurs écrits et dans leurs discours, le même esprit, les mêmes vues et le même but : ruiner et avilir la royauté pour s'enrichir de ses débris.

Le roi parcourut l'année dernière les provinces de l'Est ; on sait comment S. M. y fut accueillie, quels transports sa présence y fit naître ; sa grande âme en fut profondément émue. Pour affaiblir, s'il était possible, de si délicieuses impressions, un coryphée du parti libéral visite les mêmes départemens, il n'est bruit que des banquets qu'on lui donne, que des félicitations qu'il reçoit. Un député d'une famosité plus grande encore paraît en ce moment dans les départemens de l'Auvergne et du Lyonnais; tous deux de concert cherchent à prouver que le bonheur de la France dépend du pouvoir que la chambre peut acquérir aux dépens de la royauté. Insensés ! c'est en vain que vous prodiguez votre astucieuse éloquence ; le peuple sait que son bonheur lui vient du roi, qu'il réside tout en lui, que sans lui tout est trouble et confusion. Quarante années d'expérience sont la réfutation la plus complète de vos sophismes politiques. Il garde encore le souvenir du régime de la convention et du despotisme de l'empire ; quinze ans de paix sous ses rois légitimes n'ont pu l'effacer.

Malheureuse France ! malheureux roi ! s'est écrié un des journaux de l'opposition. Oui sans doute, la France et son roi seraient malheureux si vous triomphiez ; la victoire dans vos mains serait une calamité publique. Vous affectez une modération que vous n'avez point ; tout ce que vous dites, tout ce que vous faites porte le cachet de la révolution ; que dis-je ? vous ne la désavouez point. A quelques horreurs près que quelques-uns d'entre vous désapprouvent, vous vous glorifiez des trophées que vous en avez recueillis ; vous nous les offrez comme une compensation suffisante de ses crimes. Robespierre était cruel, mais Carnot était un grand génie ; vous avez donné des regrets à son exil. Avec quelle affectation coupable vous mettez sans cessé sous les yeux du peuple les exploits guerriers de cet homme qui fut empereur, assassin et conquérant. S'il usurpa le pouvoir sur le directoire, vous légitimez son usurpation, devenue, selon vous, nécessaire par les fautes du gouvernement déchu. A peine compte-t-on parmi vous quelques détracteurs du meurtre du duc d'Enghien. La guerre d'Espagne, si indignement commencée, provoquée avec tant de perfidie, entretenue au prix du sang de 3oo,ooo Français, est une erreur en politique par ses désastreux résultats, mais que le succès eût ennoblie. Si cet homme que la postérité trouvera peut-être moins extraordinaire qu'on ne pense aujourd'hui, lorsque ce ne sera plus par esprit d'opposition qu'on le jugera ; si cet homme, dis-je, a foulé aux pieds nos droits les plus chers, s'il a étouffé la pensée, s'il nous ravit tous les moyens de la mettre au jour, s'il a couvert la France de tribunaux de sang, si, décimant annuellement la population, il enlevait aux mères de famille l'unique fils qui leur restait ; il savait vaincre, dites-vous, et

le Français veut de la gloire à tout prix. Vous van-
tez ses nombreuses victoires suivies de défaites déci-
sives, et ses conquêtes qu'il ne sut point conserver.
Nos drapeaux ont flotté, il est vrai, sur toutes les
capitales du continent; mais les ennemis que nous
avions vaincus ont planté les leurs sur le dôme du
château de nos rois. Le retour du despote a donné
lieu à une défection sans exemple, a causé la perte
d'une bataille si fatale à notre vieille armée, nous a
exposés à une double invasion, a ruiné nos finances
et notre commerce, a forcé l'immortel auteur de la
Charte à licencier cette armée sur laquelle il avait
le droit de compter, et que vos suggestions perfides
avaient réunie, encore une fois, sous les drapeaux de
l'usurpateur. Les Bourbons ont trouvé la France
lasse de guerres, de troubles et de triomphes sans
résultats. Nos frontières sont les mêmes que celles
que Louis XIV avait posées.

Qu'on cesse de nous vanter les bienfaits de la révolution et les lumières qu'elle a répandues: ses bienfaits, si l'on peut nommer ainsi le sanglant héri-
tage qu'elle nous a laissé, rappellent d'atroces sou-
venirs; et de quelque éclat que puissent briller les
auteurs de notre époque, c'est à l'école des écrivains
du grand siècle qu'ils ont appris le secret de voler à
la célébrité. Nous tenons tout de nos rois, nos illustrations littéraires et nos acquisitions territoriales.
C'est au génie des Turenne, des Condé, des Cati-
nat que nous devons la conquête de la Flandre, de
la Franche-Comté et de l'Alsace. Louis XII fut le

père du peuple, Henri IV en fut adoré, Louis XIV porta la gloire du nom français jusqu'aux bornes du monde ; Louis XVI abolit les corvées et la torture ; Louis XVIII nous a donné la Charte, la Charte dont vous exigez pour vous seuls la stricte observance, dont vous faussez l'interprétation, et dont le nom a été parfois dans votre bouche le cri de la sédition et de la révolte contre la loi.

Tous les libéraux ne demandent pas une république, je le crois ; mais tous veulent nous rapprocher le plus possible de la démocratie, tout en conservant un fantôme de royauté. De là leur grand amour pour les assemblées du peuple ; ils en veulent pour nommer les adjoints des maires, pour former les conseils-généraux de préfecture. C'est à regret qu'ils laissent au roi la nomination des maires. Ils savent, par l'expérience de la révolution, que les corps assemblés fréquemment prennent une grande importance politique ; qu'il est des époques où ils peuvent devenir un pouvoir capable d'effrayer le trône, et qu'ils sont toujours un instrument que la fougueuse éloquence d'un tribun peut faire mouvoir à son gré, ou que l'argent d'une faction peut corrompre. Et qu'on ne dise point que tels ne sont pas les desseins des amis de la révolution ; les clameurs qu'ils poussent avec tant de fureur lorsqu'une ordonnance royale est venue tromper leurs espérances le prouvent évidemment. Ils cherchent à saper les fondemens de la monarchie en la privant de ses plus fermes appuis, en lançant d'odieuses

diatribes contre ceux qui en sont les défenseurs na-
turels. La religion de nos pères les importune, la
plupart de nos dogmes, de nos rites sont exposés à
leurs sarcasmes, les prêtres aux traits de leur haine.
S'il en est un que ses passions égarent, c'est avec
une officieuse complaisance et renouvelée à époques
fixes qu'ils rappellent ses erreurs et la peine qu'il a
encourue. S'ils louent parfois un prélat dont le
monde chrétien s'honore, un pasteur aimé et res-
pecté de ses paroissiens, ce n'est point pour le plaisir de faire l'éloge de belles actions, c'est, en se
montrant justes parfois, pour donner un plus grand
air de vérité aux invectives qu'ils répandent contre
le sacerdoce en général. Leurs éloges sont un piége
tendu à la crédulité, un acte d'hypocrisie, une
arme perfide dans leurs coupables mains.

Une société, fameuse par ses talens pour l'instruction publique, s'introduit en France ; elle s'y voue
à l'enseignement, elle inspire à nos enfans l'amour
de la religion et la fidélité au roi ; elle s'établit en
vertu d'un article de la Charte, et par le droit qu'a
tout citoyen d'exercer son industrie en se confor-
mant aux lois ; les libéraux redoutent de tels adversaires. Ils deviennent le but de leurs traits les plus
acérés, ils dirigent contre eux ce que l'arsenal de la
calomnie a de plus atroce. Un roi religieux persista-
t-il à ne voir dans les jésuites que des hommes dé-
voués à la défense de la foi, au maintien de la pu-
reté de ses doctrines ; les libéraux les lui représentent
le poignard à la main, toujours prêts à en frapper les

rois. Ils leur attribuent l'attentat qui priva la France du bon Henri. On exhume, des rayons poudreux de nos vieilles archives, des procès suscités par l'esprit de parti , qui se ressentent trop de nos discordes. civiles pour mériter une confiance implicite, et qui ne sauraient faire oublier les services que cette société a rendus à l'enseignement et aux sciences. Car si nous devons au clergé la conservation de la plupart des ouvrages de l'antiquité, nous devons incontestablement aux jésuites d'en avoir étendu la connaissance et propagé les beautés. Sur la foi de tels procès, sur des citations isolées de leurs écrits , sur les dénonciations de leurs ennemis, on les appelle des régicides. Ont-ils fait tomber la tête de Charles Ier et de Louis XVI ? On les désigne comme les corrupteurs des mœurs , imputations mensongères qu'on doit ranger parmi celles que les libéraux inventent chaque jour contre ceux qui s'opposent à leurs pernicieux desseins. Les proconsuls de la convention qui ordonnaient les mariages républicains, qui souillaient nos théâtres des obscénités les plus révoltantes, n'étaient pas jésuites. Cependant le roi cède à leurs fougueuses déclamations : les ordonnances du 16 juin paraissent, elles enlèvent à des Français un droit que la Charte leur garantit. Les libéraux ne saluent ces ordonnances que d'une demi-salve d'applaudissemens. Le monarque qui cède à leurs obsessions n'a rempli qu'à demi leur attente ; rien de ce qui vient du trône ne peut pleinement les satisfaire. Et des milliers de pères de famille sont privés par là du privilège de faire élever leurs enfans à leur gré.

J'ai dévoilé le but où tendent les libéraux, exposé la marche qu'ils suivent, les moyens qu'ils emploient pour y parvenir ; il me reste à parler du changement qui vient de s'opérer dans le ministère. Je prouverai à tout homme qui pense bien, qui désire le repos de son pays et l'affermissement de la monarchie, que cette mesure était nécessaire, indispensable, impérieusement commandée par les circonstances, et que les empiétemens successifs des révolutionnaires sont la cause unique et immédiate de ce changement.

Louis XVIII, en rentrant en France, nous octroya la Charte ; ce fut de son plein gré, on prétendrait en vain le nier ; elle ne fut point imposée au prince par les rois alliés, dont les intérêts étaient loin de commander une telle exigence, ni par les débris du gouvernement impérial, qui n'auraient point été soutenus par le peuple, s'ils eussent porté si haut leurs prétentions. Louis avait posé les articles de sa Charte dans sa retraite d'Hartwel. Témoin de la prospérité de l'Angleterre, il crut qu'après quarante années de convulsions politiques, où le peuple avait eu plus ou moins de part au gouvernement, le système représentatif convenait à la France ; qu'une Charte qui l'établirait, calmerait l'irritation des esprits, et rallierait autour du trône ceux-là même que le torrent de la révolution avait égarés. Il le croyait et avait droit de le croire ; aussi ce sage prince fut-il profondément ému de la défection d'une ar-

mée dont il avait adopté les exploits , et de ces hommes de la révolution dont il avait reconnu les titres
et les honneurs. A sa seconde réntrée , le roi main-
tint la Charte ; et c'est ici l'éloge le plus grand que
l'on puisse faire de sa modération et de sa sagesse.
Il fallait que ce prince fût bien pénétré de la jus-
tesse de ses idées sur le bonheur des Français , pour
avoir persisté à leur conserver un si beau code de
lois , malgré le peu de reconnaissance dont on venait
de payer ce bienfait. La Charte devenue , plusieurs
fois sous ses yeux , le mot de ralliement de la sédition , n'a pu l'en faire repentir. Louis XVIII ne se
trompait point sur la nécessité de bonnes institutions , il se méprit seulement sur la situation des esprits. Il crut trop légèrement au bon sens des Français , à l'expérieuce qu'ils avaient dû faire d'une
liberté effrénée et d'un despotisme révoltant, expérience qui ne leur suffit point d'abord pour juger
sainement le don qu'ils tenaient de leur roi. Louis
changea plusieurs fois de ministres , et mourut bien
convaincu qu'il est des époques et des situations politiques où un ministère mixte compromet la royauté
sans contenter l'opposition.

Son successeur jura le maintien de la Charte en
recevant l'huile sainte ; il abolit la censure à son entrée dans Paris. M. de Villèle était président du con-
seil. Les intentions de ce ministre étaient bonnes ,
peut-être ses moyens d'exécution furent-ils privés
de l'opportunité des circonstances. Les libéraux l'at-
taquèrent avec leur fureur accoutumée ; la censure

n'existait plus , et toute concession èst pour les libéraux une source d'injures et de violentes déclamations. Porté au ministère par les royalistes de la
droite , M. de Villèle en fut abandonné ; il tomba
devant la chambre de 1827. Je pense que les juge-
mens que l'on a portés sur son administration ne
sont pas sans appel. Les ministres qui lui succédè-
rent ont prouvé, pour la troisième fois, qu'un ministère composé d'hommes à opinions divergentes ne
saurait affermir le pouvoir royal , et contenter en
même temps le parti de la révolution. Les discours
de M. de Martignac justement admirés ont fait peu
d'impression sur les libéraux. Les lois sur la presse
et les élections ne lui ont valu que de minces éloges :
les libéraux sont peu reconnaissans. Ce ministère
enfin à marche vacillante n'a pas su trouver une majorité fixe, calmer les défiances des députés de l'opposition , ni répondre à l'appel des royalistes. Il re-
çut pour adieux de ces mêmes députés des menaces
de ne point voter le budget , si , à la session pro-
chaine , des lois plus populaires n'étaient proposées.

Il était du devoir des amis du trône de mettre sous
les yeux de Sa Majesté la situation respective de ses
ministres et des chambres , de l'éclairer sur l'avenir
que le système de concession préparait à la France ,
de lui montrer la démocratie s'avançant à grands pas,
et lui faire sentir qne de son triomphe sortirait indu-
bitablement la ruine de sa dynastie. Le prince de
Polignac , M. le comte de la Bourdonnaie, M. de
Bourmont sont nommés ministres ; le roi leur ad-

joint M. de Chabrol pour les finances, M. de Montbel pour l'instruction publique, M. de Rigny pour
la marine: ce dernier refuse cet honneur.

On pouvait s'attendre que ce choix n'aurait pas
d'abord l'approbation générale : il n'est donné à aucun monarque, de quelque sagesse que le Ciel l'ait
doué, de plaire à tous les esprits, de satisfaire toutes
les opinions ; mais on devait certainement compter
qu'on attendrait, pour juger les nouveaux ministres,
qu'ils eussent par quelques actes mérité des éloges
ou encouru le blâme : il n'en a pas été ainsi. Jamais
à aucune époque, dans aucun pays, sous aucun
gouvernement, l'entrée dans l'administration de l'é-
tat n'a été signalée par des injures aussi atroces, par
des cris plus forcenés. Personnalités dégoûtantes,
suggestions perfides, imputations mensongères ;
tout a été inséré dans les journaux de l'opposition avec l'accent de la rage la plus effrénée. Des
hommes même que les royalistes se plaisaient à
compter dans leurs rangs n'ont pas rougi de partager
ce coupable délire. On a sollicité des démissions, on
a proclamé avec emphase le nom des démission-
naires, on a exposé à l'improbation générale ceux
qui ne céderaient pas au vœu de ces journaux furi-
bonds, vœu qu'ils osaient dire celui de la France
entière. Je ne veux point prononcer sur les motifs
qui ont déterminé ces fonctionnaires ; je laisse au
temps à les leur faire juger eux-mêmes : heureux
alors si leur conscience ne les portera point à regret-
ter d'avoir refusé de servir un prince qui leur accor-

dait sa confiance! Chez le peuple le plus poli de
l'Europe on aurait de la peine à croire à de tels ex-
cès, si l'on n'avait, hélas! un souvenir trop récent
des journaux du Père Duchêne et des Hommes li-
bres. Eh! quels sont ceux qui souillent leurs plumes
de pareilles infamies? Ceux là même qui se sont de
tout temps montrés si sensibles aux attaques de leurs
adversaires, qui ont traité d'infâmes la *Gazette de
France* et la *Quotidienne;* jamais ces journaux se
sont-ils exprimés avec cette fureur? Les libéraux,
dans ces graves circonstances, méritent d'être con-
fondus avec les révolutionnaires les plus véhémens,
et s'exposent à être traités comme tels. Ont-ils des
sujets positifs de se plaindre? La censure est-elle re-
mise en vigueur? Non, les tribunaux suffiront sans
doute pour réprimer tant de licence, et il n'est pas
de juge, quelle que soit son opinion, qui, leurs
journaux à la main, soit tenté de les absoudre. Les
nouveaux ministres ont-ils fait un seul acte qui me-
nace nos institutions? Traînent-ils après eux les corvées et la torture? Arrivent-ils au ministère escortés
des priviléges et des droits féodaux dont le retour
est démontré impossible? Non; ils veulent seulement
rendre au trône l'éclat et le pouvoir que l'on s'efforce
chaque jour de lui enlever; ils veulent détruire sans
retour l'espoir de ceux qui rêvent encore la démocratie, et qui nous y mènent rapidement par l'irréli-
gion, l'athéisme et la licence.

Les ministres n'ont point encore développé leur
système d'administration, et les libéraux cherchent

à le flétrir avant de le connaître. Ils préludent par des attaques personnelles. M. de la Bourdonnaie, disent-ils, est l'auteur des catégories; M. de Bourmont a quitté nos rangs un jour de bataille et a passé à l'ennemi, M. de Polignac est le lieutenant de Wellington, M. de Montbel un ignorant, M. de Chabrol un homme nul, M. Mangin un pourvoyeur de bourreau. Mais en 1815, en contemplant les maux que le retour de Buonaparte et une seconde invasion faisaient peser sur la France, il était peut-être permis de croire une grande sévérité nécessaire, il était permis de demander de fortes mesures contre les révolutionnaires qui étaient évidemment les auteurs de tant de désastres. Le temps des catégories n'est plus, le trône a jeté de profondes racines, et le nom du roi suffit pour rendre vains les coupables efforts de ceux qui voudraient ramener dans nos belles contrées l'anarchie ou un nouvel usurpateur.

Long-temps notre ambassadeur en Angleterre, M. de Polignac, en a étudié les lois et le gouvernement. Louis XVIII y puisa la Charte; M. de Polignac pense y avoir trouvé une marche plus sûre pour la rendre plus utile à la nation et plus glorieuse pour le roi. S'il se trompe, la nation le blâmera, ou lui décernera des éloges s'il remplit son attente; mais en aucun cas un ministre du roi de France ne sera le vassal de l'Angleterre, il n'asservira jamais son gouvernement à la politique anglaise.

M. de Bourmont a consacré sa vie entière à la défense des droits des Bourbons. Après la pacification de la Vendée, il prit du service sous Buonaparte. Devant les ennemis de la France, il combattit en guerrier intrépide sans cesser d'être royaliste, et re-grettant que ses exploits fussent inutiles à la cause qu'il avait défendue avec tant de courage dans les champs vendéens. A Waterloo, non loin de l'armée anglaise, était son roi légitime, il crut qu'il était de son honneur de voler auprès de lui ; M. de Bour-mont quitta les drapeaux de l'usurpateur, mais il les quitta seul. Le maréchal Ney ne fit point ainsi. Envoyé par le roi, auquel il avait prêté serment, con-tre Buonaparte, il lui livra l'armée qu'il comman-dait. Les libéraux accusent M. de Bourmont de tra-hison, et ont jeté des fleurs sur la tombe du maréchal Ney.

La religion est, sans contredit, l'obstacle le plus invincible que les révolutionnaires trouvent à l'exé-cution de leurs plans : aussi est-ce contre elle et le sacerdoce qu'ils dirigent leurs plus fortes attaques. Aussi un ministre, décidé par conviction et par de-voir à la protéger, est-il à leurs yeux un homme dangereux pour les lumières, ignorant pour l'ins-truction. M. de Montbel est désigné comme tel par les libéraux.

M. de Chabrol, ministre de la marine, s'était at-tiré l'estime même des membres de l'opposition ; ils reconnaissaient de la fidélité dans ses comptes rendus, ils le louaient de l'ordre qu'il mettait dans son dé-partement : aujourd'hui M. de Chabrol n'a aucune

des qualités qui lui attiraient autrefois leurs éloges.
Quelle versatilité ! quelle injustice !

Un général lève l'étendard de la révolte dans les
provinces de l'Ouest ; Berton est arrêté et traduit devant la cour royale de Poitiers ; M. Mangin doit être
l'organe du gouvernement dans ce fameux procès.
Des soupçons s'élèvent dans l'esprit de ce magistrat,
soupçons qu'il juge graves, d'après l'agitation des esprits et les mouvemens des amis de la révolution. Il
nomme un membre influent de l'opposition dans
son réquisitoire. Berton est condamné. Les libéraux
n'osant pas appeler ouvertement de cet arrêt, ne
pardonnent pas à M. Mangin les soupçons qu'il a
osé concevoir.

Ainsi avoir pensé qu'une grande sévérité était ur-
gente à une époque de grands désordres ; vouloir ,
en exécutant la Charte, fermer à la démocratie l'entrée du gouvernement ; avoir quitté pour son roi-lé-
gitime les drapeaux d'un usurpateur dont les pre-
miers corps de l'état avaient prononcé la déchéance ;
se montrer ami de la religion , s'être conduit en ministre intègre, avoir attiré le glaive des lois sur la
tête d'un rebelle, et soupçonné des complices de
son attentat , sont des crimes aux yeux des révolutionnaires. Toutes les qualités qui forment l'homme
d'état et le bon citoyen , qui de tout temps ont fixé
le choix des souverains , sont des titres d'exclusion.
Ils le disent et feignent de le croire ; ils déguisent
ainsi, aux yeux du peuple qu'ils veulent égarer et sé-
duire , les craintes dont ils sont justement atteints.
Fiers d'avoir triomphé de M. de Villèle, encore pleins

de l'importance que leur a donnée le ministère à concession qui vient de tomber, il leur en coûte d'a-
vouer que celui qui le remplace est composé d'hommes fortement résolus à ne céder jamais, et qui ont
pris l'engagement formel de sauver le trône ou de
périr avec lui.

Il était temps de terminer cette lutte entre la
royauté et la révolution, lutte entretenue pendant
quinze ans par les tergiversations ministérielles. Plus
de dissidences dans les opinions, plus de jalousies
de pouvoir; tous les royalistes doivent se rallier de
bonne foi autour du trône des Bourbons et à ses
ministres.

On l'a dit avec vérité, il n'y a plus de centre:
d'une part est la royauté avec ses formes conserva-
trices, de l'autre la révolution avec ses traces de désordres et de dévastations. Pour les gens de bien le
choix n'est pas douteux ; l'homme riche, l'homme
savant pourraient-ils hésiter? Le niveau révolution-
naire atteint également toutes les illustrations, à quelque classe qu'elles appartiennent; envahit toutes les
propriétés, quelque opinion politique qu'aient ma-
nifestée leurs possesseurs. Il faut, pour s'opposer au
retour de maux si cruels, asseoir le trône sur des
bases inébranlables, l'entourer de l'éclat qui attire
le respect, de la force qui fait exécuter les lois, of-
frir sans cesse au peuple la personne sacrée du roi
comme le centre vers lequel doivent tendre tous les
vœux et toutes les espérances, protéger la religion,
sans laquelle il n'est point de saine morale, ni de
solides vertus, attirer sur ses ministres la considéra-

tion que commandent les augustes fonctions dont ils sont revêtus.

Le premier pas des ministres dans leur noble et glorieuse carrière doit être, je le dis hautement, de corriger une loi qui produit tant de licence, par laquelle des écrivains sans pudeur outragent journellement la morale publique, dont le style, que réprouve tout homme de goût, dont s'indigne tout homme de bien, ne rappelle que trop les saturnales de la révolution.

La loi des élections doit être refaite, elle est trop démocratique; avec une telle loi la France ne serait bientôt plus représentée que par des légistes et des commerçans, nos plus nobles familles en seraient exclues: le nom de convention manquerait seul à cette assemblée pour la rendre en tout semblable à celle qui jugea Louis XVI.

Qu'a-t-on vu dans la session dernière ? Des discours éternels, des faiseurs d'amendemens, moins portés pour le bien public que pressés de se faire connaître, sacrifiant au plaisir de se faire entendre l'occasion de faire le bien. Il faut, dans la chambre des députés, beaucoup d'hommes de bon sens et peu d'orateurs; il y a alors plus de sûreté pour les vrais intérêts du peuple et moins de temps perdu.

La tâche que les ministres du roi ont à remplir est moins difficile qu'on ne pense. Qu'ils ne se laissent point intimider par les menaces des libéraux, ni émouvoir par leurs fougueuses déclamations. Ils opposent en vain l'opinion publique; ils ne la connaissent point: elle n'est point telle que nous la montrent les journaux de la révolution. Loin d'en être les organes, ils en sont les tyrans : ils la créent, ils la dirigent, ils la tourmentent au gré de leurs intérêts et de leurs passions. Cela est si vrai que, lorsqu'ils poussent trop loin leur déplorable pouvoir, ils cessent de plaire. Les violentes diatribes que ces journaux lancent depuis quelques jours contre le roi et ses ministres leur ont fait perdre beaucoup de lecteurs, tandis que *la Gazette* et *la Quotidienne* ont vu leur nombre s'accroître ; c'est que le bon sens du peuple finit par juger sainement des événemens, et connaît les bornes que l'esprit d'opposition ne devrait jamais franchir. La royauté avec le plein pouvoir de faire le bien et de réprimer le mal, des lois justes formeront l'opinion publique, parce qu'elles assurent le bonheur des peuples ; c'est cette opinion que les ministres peuvent faire naître, et qui les soutiendra contre tous leurs ennemis.

Ministres de la couronne, marchez hardiment vers le but que vous voulez atteindre, développez le système de gouvernement que vous avez adopté ; vous aurez pour vous l'immense majorité des Français. Appelez, pour vous seconder, des hommes qui aiment exclusivement la royauté et ont en horreur les révolutions ; rendez à la religion tout son éclat, prêtez-lui tout votre appui ; mettez l'instruction publique dans les mains que Dieu lui-même a destinées à cet important ministère ; fermez pour jamais l'antre hideux de la démocratie, abattez les têtes sans cesse renaissantes de cette hydre sanguinaire, et vous aurez assuré la prospérité de la France et le repos de l'Europe.